ETHEREUM

Die Zukunft der Blockchain

Philipp Frühwirth

INHALT

Geschäftsumfeld

WAS IST ETHEREUM UND WIE FUNKTIONIERT ES?

Ethereum ist eine der führenden Blockchain-Plattformen und der Name des dazugehörigen Kryptowährungs-Netzwerks. Es wurde 2015 von dem Programmierer Vitalik Buterin entwickelt und ist seitdem zu einer der wichtigsten und am schnellsten wachsenden Kryptowährungen geworden.

Im Gegensatz zu Bitcoin, das in erster Linie eine digitale Währung ist, wurde Ethereum entwickelt, um eine Plattform für dezentrale Anwendungen (Dapps) bereitzustellen. Ethereum ermöglicht die Erstellung von Smart Contracts, die auf der Blockchain ausgeführt werden, und so werden vertrauenswürdige Geschäftsabläufe ohne einen zentralen Vermittler möglich.

Ethereum ist eine öffentliche Blockchain-Plattform, auf der jeder Entwickler Anwendungen erstellen und verteilen kann. Die Plattform wird von einem Netzwerk von 'Knoten' betrieben, an dem jeder teilnehmen und seine Computerressourcen zum Betrieb der Ethereum-Blockchain beitragen kann. Durch diese Dezentralisierung ist Ethereum sicher und widerstandsfähig gegen Zensur und Überwachung.

Ethereum verfügt über eine eigene integrierte Kryptowährung, Ether (ETH), die als Zahlungsmittel für Transaktionen auf der Plattform dient. ETH kann an Börsen gegen andere Kryptowährungen oder Fiatgeldmittel wie Euro oder US-Dollar gehandelt werden.

Die Plattform ermöglicht die Erstellung von Smart Contracts, die auf der Ethereum-Blockchain gespeichert werden und automatisch ausgeführt werden, wenn bestimmte Bedingungen erfüllt sind. Dadurch wird auf vertrauenswürdige Weise eine Vielzahl von Anwendungen möglich, wie z.B. die Verwaltung von Lieferketten, die Verarbeitung von Finanztransaktionen, die Erstellung von Identitätssystemen und vieles mehr.

Eine der Stärken von Ethereum ist seine Programmierbarkeit. Entwickler können Anwendungen in einer Vielzahl von Programmiersprachen schreiben und diese dann auf der Plattform ausführen. Solidity ist eine Programmiersprache für Smart Contracts speziell für Ethereum entwickelt worden und ist eine der am häufigsten genutzten Sprachen für Ethereum-Anwendungen.

Da Ethereum eine öffentliche Plattform ist, können Dapps ohne die Notwendigkeit von Erlaubnissen oder Genehmigungen erstellt werden, was es für Entwickler und Unternehmen einfach macht, auf der Plattform zu bauen und zu innovieren.

Abschließend ist Ethereum eine der wichtigsten Blockchain-Plattformen und hat das Potenzial, die Art und Weise, wie wir Geschäfte tätigen, zu verändern. Die Plattform ermöglicht die Erstellung von Dapps und Smart Contracts auf vertrauenswürdige Weise und bietet programmierbare Funktionen, die für eine Vielzahl von Anwendungen geeignet sind.

DER UNTERSCHIED ZWISCHEN ETHEREUM UND BITCOIN

Ethereum und Bitcoin sind zwei der bekanntesten Kryptowährungen, die auf einer Blockchain-Technologie basieren. Beide haben ihre eigenen individuellen Merkmale und Funktionen, die sie voneinander unterscheiden.

Ethereum wurde im Jahr 2015 von Vitalik Buterin entwickelt und ist eine dezentralisierte Plattform, die es Entwicklern ermöglicht, auf Basis eines verteilten ledgers, auch Blockchain genannt, Smart Contracts und Anwendungen zu erstellen. Die Kryptowährung, die mit der Ethereum-Plattform verbunden ist, heißt Ether (ETH).

Bitcoin hingegen wurde 2009 von einem unbekannten Entwickler namens Satoshi Nakamoto ins Leben gerufen. Es ist eine digitale Währung, die als Alternative zum traditionellen Geldsystem konzipiert wurde. Es ist auch die erste dezentralisierte Währung, die auf der Blockchain-Technologie basiert.

Einer der größten Unterschiede zwischen Ethereum und Bitcoin liegt in ihrer zugrunde liegenden Technologie. Bitcoin ist eine reine Kryptowährung, während Ethereum eine dezentralisierte Plattform ist, auf der Entwickler ihre eigenen dezentralisierten Anwendungen und Smart Contracts erstellen können.

Ein weiterer Unterschied besteht in ihrem Ansatz zur Energieeffizienz. Bitcoin nutzt einen Proof-of-Work-Algorithmus, der sehr energieintensiv ist. Ethereum hingegen plant, auf einen Proof-of-Stake-Algorithmus umzusteigen, der weniger Energie benötigt und somit nachhaltiger ist.

Ein weiterer signifikanter Punkt, der Ethereum von Bitcoin unterscheidet, ist die Möglichkeit, Smart Contracts und dezentralisierte Anwendungen (Dapps) zu erstellen. Ethereum wurde explizit dafür entwickelt, Entwicklern erweiterte Funktionen zu bieten. Es bietet Entwicklern Zugang zu einer breiteren Palette von Anwendungsbereichen wie die Erstellung von Token und die Programmierung von vertrauenswürdigen Multi-Signaturen.

In Bezug auf die Skalierbarkeit ist Ethereum auch flexibler als Bitcoin. Bitcoin kann derzeit nur etwa 7 Transaktionen pro Sekunde verarbeiten, während Ethereum bis zu 15 Transaktionen pro Sekunde durchführen kann. Ethereum ist auch skalierbarer, was bedeutet, dass es in Zukunft problemlos erweitert werden kann.

Ein weiterer wichtiger Unterschied zwischen Ethereum und Bitcoin ist ihre Marktkapitalisierung. Bitcoin hat eine viel höhere Marktkapitalisierung als Ethereum und ist daher eine der bekanntesten und meistgenutzten Kryptowährungen weltweit. Ethereum hingegen gewinnt als Entwicklerplattform und dezentrales Netzwerk eine breitere Anerkennung.

Zusammenfassend kann man sagen, dass sich die beiden Kryptowährungen in der Nutzung, Funktionalität und Geschwindigkeit unterscheiden. Bitcoin ist eher als digitale Währung und Zahlungsprotokoll konzipiert, während Ethereum als Entwicklerplattform gedacht ist, um dezentrale Anwendungen, Smart Contracts und Token erstellen zu können. Beide Kryptowährungen haben ihre eigenen Vorzüge und sollten somit auch separat betrachtet werden.

DIE GESCHICHTE VON ETHEREUM

Ethereum wurde im Jahr 2013 von Vitalik Buterin, einem russisch-kanadischen Programmierer und Kryptowährungsaktivisten, gegründet. Buterin war damals erst 18 Jahre alt und hatte bereits Erfahrungen im Bereich der Kryptowährung gesammelt, als er an der Entwicklung von Bitcoin und anderen Projekten beteiligt war. Er erkannte jedoch das Potenzial einer Blockchain-Technologie jenseits von Kryptowährungen und begann mit der Arbeit an einem neuen Projekt, das sich schließlich zu Ethereum entwickelte.

Die Arbeit an Ethereum begann im Winter 2013. Zu dieser Zeit hatte Buterin bereits den grundlegenden Entwurf für das Projekt erstellt. Die Idee hinter Ethereum bestand darin, eine Blockchain-Plattform zu entwickeln, die das Potenzial von Smart Contracts ausschöpft. Smart Contracts sind selbstausführende Verträge, die die Bedingungen und Regeln festlegen, unter denen bestimmte Transaktionen stattfinden. Diese Funktionen boten einen erheblichen Mehrwert gegenüber den Blockchain-Plattformen, die zu dieser Zeit verfügbar waren.

Im Januar 2014 veröffentlichten Buterin und sein Team das erste White Paper für Ethereum. Das White Paper legte die Pläne für das Projekt dar und legte den Grundstein für die Entwicklung der Plattform. Im Jahr 2014 begann das Ethereum-Team mit der Finanzierung des Projekts durch Crowdfunding. Sie sammelten mehr als 18 Millionen US-Dollar durch den Verkauf von Ethereum-Token.

Die Ethereum-Plattform ging schließlich am 30. Juli 2015 live. Die Plattform war sofort erfolgreich, und ihr Token, Ether, stieg schnell an Wert. Ethereum wurde als eine der wichtigsten Blockchain-Plattformen neben Bitcoin anerkannt. Seitdem haben sich viele Unternehmen und Organisationen für Ethereum als Plattform für Smart Contracts und dezentralisierte Apps (DApps) entschieden.

In den Jahren seit der Einführung von Ethereum hat sich die Plattform weiterentwickelt. Es wurden neue Entwicklungen wie die Zugänglichkeit für alle Arten von Entwicklern und die Einführung von Ethereum 2.0. Diese Weiterentwicklungen machen Ethereum heute zu einer der stabilsten und schnellsten Blockchain-Plattformen, die es gibt.

Zusammenfassend lässt sich sagen, dass die Geschichte von Ethereum ein Beweis für die Macht von Vision und Entschlossenheit ist. Buterin und sein Team waren in der Lage, eine Blockchain-Plattform zu entwickeln, die das Potenzial der Blockchain weit über den Bereich der Kryptowährungen hinaus nutzt, und sie haben bewiesen, dass es auch für Ethereum möglich ist, eine neue, dezentralisierte Zukunft zu schaffen.

WIE ETHER-TOKEN
FUNKTIONIEREN

Ethereum ist eine Blockchain-Plattform, die spezielle digitale Tokens namens Ether verwendet. Ähnlich wie bei Bitcoin und anderen Kryptowährungen dienen Ether als digitale Kontoguthaben, die die Teilnehmer verwenden können, um Werte zu senden und zu empfangen.

Ether ist ein Token, der auf der Ethereum-Blockchain geschaffen wurde und den Kern der wirtschaftlichen Aktivität auf der Plattform bildet. Die Token dienen als Tauscheinheit für Rechenleistung und Ressourcen auf der Ethereum-Blockchain, einschließlich der Übertragung von Vermögenswerten und der Ausführung von Smart Contract-Programmen.

Die Verwendung von Ether als Token auf der Ethereum-Blockchain ist einzigartig im Vergleich zu anderen Kryptowährungen. Obwohl es ähnliche Funktionen wie Bitcoin hat - darunter die Fähigkeit, als Wertspeicher zu dienen und Transaktionen zu verarbeiten - ist Ether in erster Linie ein Instrument zur Unterstützung von Anwendungen auf der Ethereum-Plattform.

Ethereum hat auch eine interne Währung namens Gas, die verwendet wird, um die Ressourcen auf der Ethereum-Blockchain zu messen und zu bezahlen, die zur Ausführung von Transaktionen und Smart Contracts erforderlich sind. Benutzer zahlen mit Gas, um die Rechenleistung der Ethereum-Blockchain zu nutzen und ihre Transaktionen zu bearbeiten und zu validieren.

Da Ether das Hauptinstrument zur Unterstützung von

Anwendungen auf der Ethereum-Blockchain ist, wird es häufig verwendet, um Token-Verkäufe zu finanzieren. Startups und Unternehmen können Tokens auf Ethereum erstellen und dann diese Token verkaufen, um ihr Projekt zu finanzieren. Andere Anwendungen auf Ethereum, wie beispielsweise Dapps, können ebenfalls mit Ether finanziert werden.

Insgesamt ist Ether ein wichtiger Bestandteil der Ethereum-Blockchain. Durch die Verwendung von Ether als digitales Token können Benutzer auf der Plattform auf Ressourcen und Dienste zugreifen und gleichzeitig die Sicherheit und Stabilität der Blockchain aufrechterhalten.

DIE VERSCHIEDENEN ARTEN VON SMART CONTRACTS AUF ETHEREUM

Smart Contracts sind eine der Grundlagen der Ethereum-Technologie. In diesem Kapitel werden wir näher auf die verschiedenen Arten von Smart Contracts eingehen, die auf Ethereum existieren.

Grundsätzlich können Smart Contracts als selbst ausführbare Codes bezeichnet werden, die langfristige Vereinbarungen zwischen verschiedenen Parteien automatisch durchführen können. Diese Verträge sind so programmiert, dass sie bestimmte Bedingungen und Ereignisse überwachen und dann bestimmte Aktionen ausführen. Smart Contracts sind auf der Ethereum-Plattform möglich, weil diese auf einer eigenen Blockchain basiert, die eine dezentralisierte Infrastruktur bereitstellt.

Insgesamt gibt es drei Hauptarten von Smart Contracts auf Ethereum: Finanz-, Token- und dezentrale Identitätsverträge.

Finanz-Verträge sind die einfachsten Art von Smart Contracts auf Ethereum. Sie ermöglichen eine einfache Überweisung von Ether oder anderer digitaler Währungen zwischen verschiedenen Parteien. Finanz-Verträge werden üblicherweise verwendet, um einfache Transaktionen wie Zahlungen zwischen zwei Parteien durchzuführen. Ein Beispiel hierfür wäre ein Vertrag, der automatisch Ether an den Verkäufer einer Ware sendet, sobald der Käufer die Ware erhalten hat und den Versand bestätigt hat.

Token-Verträge ermöglichen die Schaffung und Verwaltung von digitalen Token auf Ethereum. Diese Tokens können für verschiedene Zwecke verwendet werden, wie zum Beispiel für Investitionen, als Tauschmittel oder als Wertmarken für bestimmte Dienstleistungen. Die meisten Initial Coin Offerings (ICOs) verwenden Token-Verträge, um ihre eigenen Token zu erstellen und zu verteilen.

Dezentrale Identitätsverträge ermöglichen die Schaffung von Identitätsverwaltungssystemen auf der Ethereum-Blockchain. Mit diesen Verträgen können sich Benutzer ohne zentrale Intermediäre identifizieren und authentifizieren, wodurch die Sicherheit und die Schutzmaßnahmen verbessert werden. Ein Beispiel für einen dezentralen Identitätsvertrag ist der uPort-Vertrag, der es Benutzern ermöglicht, ihre eigene Identität auf der Ethereum-Blockchain sicher zu verwalten.

Zusammenfassend kann gesagt werden, dass Smart Contracts auf Ethereum so programmiert werden können, dass sie bestimmte Aktionen automatisch durchführen können. Die drei Hauptarten von Smart Contracts auf Ethereum sind Finanz-, Token- und dezentrale Identitätsverträge. Diese Verträge haben das Potenzial, ganze Branchen umzuwälzen und ein neues Zeitalter der dezentralisierten Wirtschaft einzuläuten.

WAS IST EINE DEZENTRALISIERTE APPLIKATION (DAPP)?

Eine dezentralisierte Applikation (Dapp) ist eine Softwareanwendung, die auf einem dezentralen Netzwerk läuft, anstatt auf einem zentralen Server, der von einer oder mehreren zentralen Stellen kontrolliert wird. Dies bedeutet, dass Dapps auf einer Blockchain-Plattform wie Ethereum laufen und aufgrund ihrer dezentralen Natur keine zentralen Behörden oder Intermediäre benötigen, um Transaktionen zu überwachen oder Anwendungsdaten zu verwalten.

Dapps haben viele Vorteile gegenüber traditionellen Anwendungen. Zum Beispiel können die Nutzer die Kontrolle über ihre eigenen Daten und Transaktionen behalten und müssen nicht auf eine zentrale Behörde vertrauen, um ihre Daten sicher zu halten. Darüber hinaus bietet die dezentrale Natur von Dapps mehr Sicherheit und Transparenz, da Daten in einem verteilten, kryptografisch gesicherten Netzwerk gespeichert werden.

Es gibt verschiedene Arten von Dapps auf Ethereum, darunter:

- Finanzdienstleistungs-Dapps: Finanzdienstleistungs-Dapps können viele verschiedene Anwendungsfälle haben, von Kreditvergabe und Zahlungsverarbeitung bis hin zu Investitionsplattformen und Token-Handel.
- Anwendungen für Identitätsüberprüfung: Dapps können auch verwendet werden, um Identitäten zu verifizieren oder Authentifizierungsdienste bereitzustellen.
- Anwendungen für digitale Identität: Dapps können auch digitale Identitäten verwalten und dezentralisierte Identitätsdienste

bereitstellen.

- Anwendungen für die Aufbewahrung von Inhalten: Dapps können auch als Systeme für die Speicherung und den Austausch von digitalen Inhalten wie Texten, Musik, Filmen, Bildern und anderen Medien dienen.

Dapps können von jeder Person oder Gruppe von Personen entwickelt werden, und sie können Code als Open Source-Software veröffentlichen, damit andere Entwickler auf ihrer Codebasis aufbauen und weiterentwickeln können. Eine weitere Eigenschaft von Dapps ist, dass sie in der Regel Token verwenden, um Anreize für diejenigen zu schaffen, die sich an der Entwicklung und Nutzung der Anwendung beteiligen.

Zusammenfassend lässt sich sagen, dass Dapps eine spannende neue Technologie darstellen, die die Art und Weise revolutionieren können, wie Menschen Softwareanwendungen nutzen und entwickeln. Da die Entwickler allmählich lernen, wie man Dapps auf Ethereum entwickelt, werden immer mehr Anwendungsfälle für diese Technologie entstehen, sowohl im Bereich der Finanzdienstleistungen als auch in anderen Bereichen wie Identitätsverifizierung, digitaler Identität und Aufbewahrung von Inhalten.

DIE BEDEUTUNG DER ETHEREUM-BLOCKCHAIN FÜR DIE FINANZWELT

Die Finanzindustrie hat sich in den letzten Jahren rasant weiterentwickelt und die Blockchain-Technologie hat einen enormen Einfluss auf diese Veränderungen. Ethereum hat sich zu einer der wichtigsten Plattformen für die Entwicklung dezentraler Finanzanwendungen (DeFi) entwickelt und hat das Potenzial, die Art und Weise, wie Finanztransaktionen verarbeitet werden, zu verändern.

Ethereum bietet zahlreiche Vorteile für die Finanzwelt, wie beispielsweise niedrigere Transaktionskosten und schnellere Transaktionszeiten im Vergleich zu traditionellen Finanzsystemen. Unter Verwendung von Smart Contracts kann Ethereum auch Finanzanwendungen mit hoher Zuverlässigkeit bereitstellen, wodurch das Vertrauen der Benutzer in die Plattform gestärkt wird.

Insbesondere die Ineffizienzen im globalen Bankensystem können durch Ethereum effektiv angegangen werden. Transaktionen zwischen verschiedenen Banken und Ländern sind oft langsam, teuer und mit hohen Gebühren verbunden. Durch die Verwendung von Smart Contracts kann Ethereum diesen Prozess automatisieren und vereinfachen, wodurch es möglich wird, Transaktionen in Echtzeit und zu deutlich niedrigeren Kosten durchzuführen.

Darüber hinaus können mit Ethereum auch komplexere Finanzinstrumente wie Derivate und Optionen abgewickelt werden. Durch die Verwendung von Smart Contracts können die

Bedingungen dieser Instrumente automatisiert und das Risiko von menschlichen Fehlern minimiert werden.

Im Bereich der Mikrofinanzierung bietet Ethereum auch zahlreiche Vorteile. Erfolgreiche DeFi-Plattformen wie Aave und Compound ermöglichen es Benutzern, Kredite ohne Intermediäre zu erhalten, was insbesondere in Entwicklungsländern von Nutzen sein kann.

Insgesamt bietet Ethereum der Finanzwelt immense Vorteile und wird voraussichtlich weiterhin eine wichtige Rolle bei der Gestaltung der Finanzindustrie spielen. Die Plattform hat bereits einen enormen Einfluss auf die Branche gehabt und ihre innovativen Lösungen haben das Potenzial, die Art und Weise, wie Finanztransaktionen durchgeführt werden, grundlegend zu verändern.

DIE ZUKUNFT VON ETHEREUM
UND SEINER TECHNOLOGIE

Ethereum ist seit seiner Einführung im Jahr 2015 zu einer der am weitesten verbreiteten Blockchain-Plattformen geworden. Als weltweit zweitgrößte Kryptowährung nach Marktkapitalisierung hat Ethereum einen großen Einfluss auf die Kryptowährungsbranche und darüber hinaus.

Die Ethereum-Entwickler sind ständig bemüht, die Technologie zu verbessern, um eine schnellere und effizientere Plattform zu schaffen. Einer der bedeutendsten Updates von Ethereum war die Einführung von Ethereum 2.0. Dieses Update soll dazu beitragen, die Probleme im Hinblick auf Transaktionskosten und skalierbarkeit zu lösen, die bei der Verwendung von Ethereum 1.0 aufgetreten sind.

Die Überarbeitung wird eine neue Konsensmethode namens Proof of Stake verwenden, um Ethereum zu einem schnelleren, energieeffizienteren und kosteneffektiveren Netzwerk zu machen. Proof of Stake funktioniert, indem es den Nutzern ermöglicht, das Netzwerk zu betreiben und Transaktionen zu verarbeiten, indem sie ihre Ether als Sicherheit hinterlegen und damit einen bestimmten Prozentsatz des Netzwerks besitzen.

Ein weiteres wichtiges Ziel von Ethereum ist die Schaffung eines dezentralen Internets. Das bedeutet, dass die Nutzer ihre eigenen Daten kontrollieren und entscheiden, wer sie sehen darf. Die Ethereum-Technologie kann dazu beitragen, den Datenmissbrauch durch etablierte Tech-Giganten wie Google und Facebook zu reduzieren.

Eine weitere wichtige Rolle, die Ethereum in Zukunft spielen kann, ist die Automatisierung von Geschäftsprozessen. Smart Contracts, die auf der Ethereum-Blockchain laufen, können die Notwendigkeit von Zwischenhändlern und Anwälten eliminieren und somit Zeit und Kosten einsparen. Unternehmen wie JP Morgan und Microsoft haben bereits begonnen, Ethereum-basierte Smart Contracts zu verwenden.

Einige Branchenexperten prognostizieren auch, dass Ethereum in Zukunft bei der Tokenisierung von Vermögenswerten eine bedeutende Rolle spielen wird. Das bedeutet, dass physische Vermögenswerte wie Immobilien oder Kunstwerke in digitale Tokens umgewandelt werden können, die auf der Ethereum-Blockchain laufen und leichter handelbar sind.

Insgesamt hat Ethereum das Potenzial, weiterhin ein wichtiger Akteur in der Kryptowährungs- und Blockchain-Branche zu bleiben. Obwohl die Technologie noch nicht ausgereift ist, wird erwartet, dass Ethereum in naher Zukunft immer weiterentwickelt wird und neue Anwendungsbereiche findet. Als dezentralisierte Plattform ist Ethereum gut positioniert, um weiterhin Innovationen und Veränderungen in der Branche anzuführen.

WIE ETHER-MINING FUNKTIONIERT

Ethereum ist eine der populärsten Kryptowährungen auf dem Markt. Doch wie kommen diese virtuellen Münzen in Umlauf? Ether-Mining ist der Prozess mit dem neue Ether generiert werden. Hierbei handelt es sich um einen komplexen berechnenden Prozess, der von Ethereum-Minern durchgeführt wird. In diesem Kapitel erläutern wir, wie Ether-Mining funktioniert.

Ethereum ist eine dezentralisierte Blockchain-Plattform, auf der die Ausführung von Smart-Contracts möglich ist. Die Rechenleistung von Ethereum wird von einem Netzwerk von Computern bereitgestellt, die die Blockchain validieren und Transaktionen genehmigen. Diese Rechenleistung wird durch Ether belohnt und Miner haben damit einen Anreiz, ihre Rechenleistung für das Netzwerk bereitzustellen.

Ether-Mining ist der Prozess, bei dem ein Computer komplexe mathematische Gleichungen löst, um Transaktionen auf der Blockchain zu validieren. Ether-Miner benötigen einen Computer mit einer speziellen Software und einem High-End-Grafikkarten-Prozessor (GPU), der das Mining schnell und effektiv durchführen kann.

Die Validierung von Transaktionen erfordert auch den Einsatz von Strom und daher kann Ether-Mining kostspielig sein. Der Energieverbrauch kann jedoch minimiert werden, indem man einen günstigeren Stromtarif wählt, oder indem man die verfügbare Rechenleistung mit anderen Minern teilt.

Während des Mining-Vorgangs werden die Transaktionen in

Blöcke gruppiert und in der Blockchain gespeichert. Die Miner verifizieren diese Blöcke, indem sie eine mathematische Gleichung lösen, die als „Proof of Work" bezeichnet wird. Der erste Miner, der diese Gleichung löst, wird mit Ether belohnt und der neue Block wird in die Blockchain eingefügt.

Die Schwierigkeit der Aufgabe, die gelöst werden muss, steigt mit der Anzahl der Miner, die am Netzwerk arbeiten. Es ist wichtig, dass die Schwierigkeit aufrechterhalten wird, um eine Überproduktion von Ether zu verhindern.

Ether-Mining wird wahrscheinlich noch für einige Jahre eine wichtige Rolle in der Ethereum-Community spielen, da es der primäre Mechanismus ist, um neue Ether-Token in Umlauf zu bringen. Allerdings kann sich der Mining-Prozess in der Zukunft ändern, da Ethereum eine Umstellung auf das Proof of Stake-System plant. Dabei benötigen Miner kein High-End-Computing mehr, sie können ihre Ethereum-Coins als Einsatz und damit ihre Beteiligung an der Kryptowährung zur Bestätigung von Transaktionen einsetzen.

Zusammengefasst ist Ether-Mining der Prozess, bei dem neue Ether-Token durch das Lösen mathematisch komplexer Gleichungen generiert werden. Dieser Prozess erfordert jedoch einen hohen Aufwand an Energie und verursacht hohe Kosten. Aufgrund der geplanten Ablösung des Proof-of-Work-Systems wird sich das Mining-Verfahren in der Zukunft möglicherweise ändern. Dennoch ist es bis heute eine der wichtigsten Methoden zur Generierung von Ether und zur Aufrechterhaltung der Ethereum-Blockchain.

DIE ROLLE VON ETHEREUM IN DER ETHEREUM-ENTWICKLUNG

Ethereum ist eine der fortschrittlichsten und innovativsten Plattformen in der Welt der Blockchain und Kryptowährungen. Der Erfolg von Ethereum beruht auf der ständigen Fortentwicklung der Plattform und der zugrunde liegenden Technologie.

Als Blockchain-Plattform hat Ethereum eine Schlüsselrolle bei der Entwicklung moderner, sicherer und effizienter dezentraler Anwendungen (DApps) gespielt. Mit der Entwicklung von Smart Contracts lieferte Ethereum eine neue und revolutionäre Möglichkeit, Verträge und Transaktionen zu verwalten und auszuführen.

Ethereum hat sich in der Ethereum-Entwicklung als Vorreiter in Bezug auf die Entwicklung neuer DApps und die Verbesserung der Technologiepositioniert. Die Plattform besteht aus einer Gemeinschaft von Entwicklern, die gemeinsam an Verbesserungen der Plattform arbeiten.

Seit der Einführung von Ethereum im Jahr 2015 hat die Plattform immens an Stärke gewonnen. Ein großer Teil ihres Erfolgs ist auf die ständige Weiterentwicklung und Verbesserung der Plattform zurückzuführen. Ethereum hat sich zu einer führenden Plattform in der Blockchain-Industrie entwickelt und einen wichtigen Einfluss auf die Blockchain-Entwicklung ausgeübt.

Ethereum hat auch eine aktive Gemeinschaft von Entwicklern, die regelmäßig neue Projekte entwickeln und ihre Beiträge zur Verbesserung der Plattform leisten. Die Zusammenarbeit innerhalb der Gemeinschaft hat die Weiterentwicklung von

Ethereum beflügelt und ist ein entscheidender Faktor für den Erfolg und die Zukunft der Plattform.

In der Zukunft wird Ethereum weiterhin eine führende Rolle in der Blockchain-Entwicklung spielen, da immer mehr Entwickler ihre DApps auf der Plattform aufbauen. Gleichzeitig werden die Entwicklergemeinschaft und die Innovationskraft von Ethereum auch weiterhin dazu beitragen, dass die Technologie verbessert und weiterentwickelt wird.

WARUM ETHEREUM DIE ZUKUNFT DER BLOCKCHAIN-TECHNOLOGIE IST

Seit seinem Start im Jahr 2015 hat sich Ethereum als eine der erfolgreichsten Blockchain-Plattformen etabliert. So sehr, dass die Technologie ihren eigenen Kryptowert, Ether, hat und einer der bedeutendsten Konkurrenten von Bitcoin geworden ist. Aber was macht Ethereum so besonders und warum wird es als die Zukunft der Blockchain-Technologie betrachtet?

Ethereum ist nicht nur eine digitale Währung, sondern eine Blockchain-Plattform, die es Entwicklern ermöglicht, dezentralisierte Anwendungen (Dapps) zu erstellen und auszuführen, die auf der Blockchain aufbauen. Im Wesentlichen ermöglicht Ethereum die Erstellung von Smart Contracts und die Verwendung von Dapps, was bedeutet, dass der Code, der hinter der Anwendung steht, transparent und sicher ausgeführt wird, ohne die Notwendigkeit einer zentralisierten Institution oder Plattform.

Ein Grund, warum Ethereum die Zukunft der Blockchain-Technologie ist, ist seine Fähigkeit zur Skalierung. Es gibt viele Blockchain-Plattformen, die aufgrund der begrenzten Anzahl von Transaktionen, die pro Sekunde durchgeführt werden können, mit Skalierbarkeitsproblemen kämpfen. Ethereum hat jedoch Fortschritte gemacht, um diese Probleme zu lösen, indem es seine Skalierbarkeit durch die Einführung von Sharding und Plasma erhöht hat. Sharding ermöglicht es, die Blockzeit zu verkürzen und so mehr Transaktionen in kürzerer Zeit zu verarbeiten, während Plasma durch die Erstellung von kleineren Blockchains innerhalb der Haupt-Blockchain die Kapazität erhöht.

Darüber hinaus hat Ethereum die Fähigkeit, die Interoperabilität zwischen verschiedenen Blockchains zu verbessern, insbesondere durch die Entwicklung von Metamask und anderen Tools. Metamask ist eine Browsererweiterung, die es Benutzern ermöglicht, nahtlos zwischen verschiedenen Dapps auf verschiedenen Blockchains zu wechseln, ohne sich jedes Mal anmelden zu müssen. Dies verbessert die Benutzerfreundlichkeit der Blockchain-Technologie und fördert ihre zukünftige Anwendung.

Ein weiterer Vorteil von Ethereum ist seine starke Entwicklergemeinschaft. Die Ethereum-Blockchain war bereits vor ihrer Einführung stark von Entwicklern unterstützt worden, und die Plattform hat seitdem eine Vielzahl von Tools und Ressourcen entwickelt, um Entwicklern den Einstieg in die Entwicklung von Dapps zu erleichtern. Durch diese Unterstützung hat Ethereum eine große Anzahl von Dapps hervorgebracht, die auf der Plattform ausgeführt werden und den Nutzern einen breiten Anwendungsbereich bieten.

Schließlich ist Ethereum auch für seine Sicherheit und seine Fähigkeit bekannt, Betrugsversuche und Cyberangriffe zu bekämpfen. Durch die Verwendung von Smart Contracts und einen transparenten, unveränderlichen Ledger ist die Ethereum-Blockchain resistent gegen Manipulationen und Betrug.

Insgesamt gibt es viele Gründe, warum Ethereum als die Zukunft der Blockchain-Technologie betrachtet wird. Mit seinen Fähigkeiten zur Skalierung, Interoperabilität zwischen verschiedenen Blockchains, einer starken Entwicklergemeinschaft und seiner Sicherheit hat Ethereum bereits einen erheblichen Einfluss auf die Zukunft der Technologie und wird dies voraussichtlich auch weiterhin tun.

DIE VORTEILE VON ETHEREUM GEGENÜBER ANDEREN BLOCKCHAIN-PLATTFORMEN

Ethereum ist eine Blockchain-Plattform, die aufgrund ihrer einzigartigen Eigenschaften, Fähigkeiten und Vorteile die Konkurrenz mühelos hinter sich lässt. Im Folgenden sind einige der wichtigsten Vorteile von Ethereum im Vergleich zu anderen Blockchain-Plattformen aufgelistet.

1. Smart-Vertragsfähigkeit: Ethereum ist bekannt für seine einzigartige Fähigkeit, Smart Contracts auszuführen. In der Tat ist es die erste Plattform, die es ermöglicht, auf einfache Weise dezentralisierte Anwendungen und intelligente Verträge auf der Blockchain zu erstellen und zu verwalten. Andere Blockchain-Plattformen wie Bitcoin sind nicht in der Lage, Smart Contracts und Anwendungen zu hosten. Die Fähigkeit von Ethereum, intelligente Verträge zu erstellen, hat zu einer Vielzahl von Anwendungsfällen geführt und macht es zu einer bevorzugten Plattform für viele Entwickler.

2. Flexibilität: Ethereum ist sehr flexibel und ermöglicht es Entwicklern, Anwendungen auf der Plattform zu erstellen, die weit über den Finanzbereich hinausgehen. Ethereum kann auch verwendet werden, um digitale Identitäten zu erstellen, Vermögenswerte zu verwalten, Abstimmungen durchzuführen und vieles mehr. Die Flexibilität macht Ethereum zu einer bevorzugten Plattform für Start-ups, die innovative Lösungen entwickeln möchten.

3. Geschwindigkeit: Ethereum ist im Vergleich zu anderen Blockchain-Plattformen sehr schnell. Es kann bis zu 15

Transaktionen pro Sekunde verarbeiten, was im Vergleich zu Bitcoin, welches nur bis zu 7 Transaktionen pro Sekunde verarbeiten kann, eine beeindruckende Leistung darstellt. Schnelle Transaktionsgeschwindigkeiten sind wichtig, insbesondere in der Finanzbranche, wo jede Sekunde zählt.

4. Skalierbarkeit: Ethereum ist sehr skalierbar und kann eine hohe Anzahl von dezentralisierten Anwendungen und intelligenten Verträgen unterstützen. Es gibt auch Pläne zur Verbesserung und Erhöhung der Skalierbarkeit von Ethereum, um mit dem Wachstum der Plattform Schritt zu halten. Andere Blockchain-Plattformen wie Bitcoin haben Schwierigkeiten, mit der steigenden Nachfrage nach Transaktionen und dezentralisierten Anwendungen Schritt zu halten.

5. Gemeinschaft: Ethereum hat eine starke Gemeinschaft von Entwicklern, Benutzern und Investoren, die sich aktiv für die Entwicklung der Plattform einsetzen. Die Entwickler von Ethereum arbeiten kontinuierlich an der Verbesserung von Ethereum und seiner Technologie und arbeiten eng mit der Gemeinschaft zusammen, um die Zukunft der Plattform gemeinsam zu gestalten. Dieses Engagement und die Zusammenarbeit der Gemeinschaft machen Ethereum zu einer Plattform, die kontinuierlich wächst und sich verbessert.

Insgesamt ist Ethereum eine Plattform, die aufgrund ihrer einzigartigen Fähigkeiten und Vorteile die Konkurrenz hinter sich lässt. Es wird erwartet, dass es in Zukunft eine führende Rolle in der Blockchain-Industrie und darüber hinaus spielen wird.

WIE MAN ETHER-TOKEN KAUFT UND VERKAUFT

Ether ist das Kryptowährungstoken, das auf der Ethereum-Blockchain verwendet wird. Im Gegensatz zu anderen Kryptowährungen wie Bitcoin oder Litecoin wird Ether nicht nur als digitales Zahlungsmittel verwendet, sondern steht auch als Treibstoff für die Ethereum-Blockchain zur Verfügung, um Smart Contracts und dApps auszuführen.

Es gibt verschiedene Wege, um Ether-Token zu kaufen und zu verkaufen, abhängig von den Vorlieben des Käufers und dem Wohnsitzland. Im Allgemeinen gibt es einige gängige Methoden, darunter:

1. Kryptowährungsbörsen: Es gibt eine Vielzahl von Börsen, auf denen Ether-Token gehandelt werden, wie beispielsweise Binance und Coinbase. Auf diesen Plattformen kann man Ether-Token zu einem aktuellen Wechselkurs kaufen und verkaufen. Man muss sich jedoch erst auf der Plattform anmelden und durchlaufen ein Verifikationsverfahren, bevor man Käufe tätigen kann. Dies kann abhängig von der gewählten Plattform einige Zeit in Anspruch nehmen.

2. Peer-to-Peer (P2P) -Plattformen: Auf P2P-Plattformen wie LocalEthereum oder Localbitcoins können Käufer direkt von Verkäufern kaufen, ohne eine zentrale Autorität hinzuziehen zu müssen. Der Kauf von Ether-Token auf P2P-Marktplätzen ist in der Regel diskret und bietet mehr Flexibilität bei der Wahl der Zahlungs- und Einzahlungsmöglichkeiten. Es ist jedoch wichtig, darauf zu achten, dass man auf einer sicheren Plattform Handel betreibt.

3. Geldautomaten vor Ort: In einigen Ländern sind Ethereum-Geldautomaten verfügbar, die den Kauf und Verkauf von Ether-Token ermöglichen. In der Regel sind diese Geldautomaten einfach zu bedienen und erfordern nur einen QR-Code-Scan oder eine Telefonnummerbestätigung. Die Gebühren können jedoch höher sein als auf anderen Plattformen.

Es ist wichtig zu beachten, dass der Kauf von Ether-Token mit Risiken verbunden ist, insbesondere wenn man auf unsicheren Plattformen handelt. Es ist ratsam, vor dem Kauf von Ether-Token intensive Recherchen durchzuführen und sicherzustellen, dass man die zugrunde liegende Technologie und den Markt gut versteht.

Ein weiterer wichtiger Punkt ist, sicherzustellen, dass man Ether-Token sicher aufbewahrt. Kryptowährungen können geklaut werden, wenn man seine privaten Schlüssel nicht sicher aufbewahrt. Eine beliebte Möglichkeit, dies zu tun, besteht darin, eine Online-Brieftasche (Wallet) oder eine Hardware-Brieftasche zu verwenden, die die privaten Schlüssel des Benutzers verschlüsselt aufbewahren.

Insgesamt bieten Ether-Token einen einfachen Weg, um an der dynamischen Welt der Blockchain-Technologie teilzunehmen. Durch intensive Recherche und effektive Sicherheitstechniken kann man die Investition gegen Verlust absichern.

DIE SICHERHEIT VON ETHEREUM UND SEINER APPS

Als eine der führenden Blockchain-Plattformen ist Ethereum dafür bekannt, sicher und robust zu sein. Ethereum hat viele innovative Sicherheitsfunktionen, darunter Smart Contracts, die die Integrität von Transaktionen auf der Blockchain gewährleisten.

Ein weiteres Sicherheitsmerkmal von Ethereum ist die dezentralisierte Natur der Plattform. Im Gegensatz zu zentralisierten Systemen, bei denen alle Daten auf einem Server gespeichert werden, wird Ethereum in einem verteilten Netzwerk von Knotenpunkten gespeichert. Dies bedeutet, dass es schwieriger ist, einen Angriff auf die Ethereum-Blockchain durchzuführen, da es kein einziger Punkt ist, der angegriffen werden kann.

Ethereum hat jedoch auch einige Sicherheitsbedenken, die von Entwicklern und Sicherheitsforschern diskutiert werden. Ein solches Problem ist die Möglichkeit von Angriffen auf Smart Contracts, die auf der Ethereum-Blockchain ausgeführt werden. Wenn ein Smart Contract von einem Hacker manipuliert wird, kann dies zu einem Sicherheitsverstoß führen.

Es gibt jedoch Schritte, die Ethereum-Entwickler ergreifen können, um das Risiko von Sicherheitsproblemen zu verringern. Eine solche Methode besteht darin, Code-Prüfungen durchzuführen, um sicherzustellen, dass der Smart Contract funktioniert und sicher ist. Die Ethereum-Community hat auch Initiativen gestartet, um Sicherheitslücken zu identifizieren und zu beheben.

Eine weitere Sicherheitsbedenken bei Ethereum sind die Anwendungen, die auf der Plattform ausgeführt werden. Da Ethereum dezentralisiert ist, kann jeder eine Dapp erstellen und darauf ausführen. Wenn eine Dapp nicht ordnungsgemäß programmiert wurde und eine Schwachstelle aufweist, kann dies zu einem Verlust von Ether oder privaten Schlüsseln führen.

Um diese Probleme zu lösen, hat Ethereum ein Konzept namens Gas implementiert, das berechnet, wie viel Ether benötigt wird, um eine bestimmte Aktion auf der Blockchain auszuführen. Dies soll verhindern, dass bösartige Entwickler die Ressourcen der Plattform missbrauchen.

Zusammenfassend lässt sich sagen, dass Ethereum im Vergleich zu anderen Blockchain-Plattformen als sicher und robust gilt. Während es jedoch einige Sicherheitsbedenken gibt, arbeitet die Ethereum-Community ständig daran, diese Probleme zu lösen und die Plattform weiter zu verbessern.

WIE MAN EINE EIGENE DEZENTRALE ANWENDUNG AUF ETHEREUM ERSTELLT

Die Erstellung einer eigenen dezentralisierten Anwendung (Dapp) auf Ethereum ist aufregend und lohnenswert, da dadurch eine neue Ebene des Vertrauens, der Transparenz und der Nutzerkontrolle geschaffen wird. Wenn Sie eine Dapp erstellen möchten, sollten Sie eine gute Kenntnis der Ethereum-Blockchain-Technologie und der Interna von Smart-Contracts haben.

Hier sind die Schritte, die Sie unternehmen müssen, um eine eigene Dapp auf Ethereum zu erstellen:

1. Konzept erstellen: Bevor Sie mit der Arbeit an Ihrer Dapp beginnen, müssen Sie eine Klarheit darüber haben, was Ihre Anwendung tun wird. Es ist wichtig, dass Ihre Anwendung einen bestimmten Zweck hat und nicht nur eine Kopie einer bereits vorhandenen Dapp ist. Machen Sie eine Skizze des Designs und eine Beschreibung des Funktionsumfangs.

2. Wahl der Ethereum-Entwicklungsumgebung: Es gibt eine Vielzahl von Ethereum-Entwicklungsumgebungen, von der einfachen Verwendung von Remix bis hin zur Verwendung von Frameworks wie Truffle. Die Wahl der Umgebung hängt von der Komplexität Ihrer Dapp ab.

3. Verträge erstellen: Jede Dapp besteht aus Smart-Contracts, die in Solidity geschrieben werden. Sie können vorhandene Smart-Contracts verwenden oder eigene erstellen. Machen Sie sich mit Solidity-vertraut und erstellen Sie die notwendigen Smart-Contracts für Ihre Dapp.

4. Frontend erstellen: Sobald Sie Ihre Smart-Contracts geschrieben und bereitgestellt haben, müssen Sie eine Benutzeroberfläche erstellen. Sie können dafür Web-Technologien wie HTML, CSS und JavaScript verwenden. Mit der Verwendung von Web3.js können Sie Ihre Dapp mit dem Ethereum-Netzwerk verbinden.

5. Deployment Ihrer Anwendung: Um Ihre Dapp zu implementieren, müssen Sie Ihre Smart-Contracts auf der Ethereum-Blockchain bereitstellen und die Frontend-Dateien bereitstellen. Sie können dazu verschiedene Tools wie Remix, Truffle oder Geth verwenden.

6. Testen Sie Ihre Dapp: Nach der Implementierung ist es wichtig, Ihre Dapp auf Fehler und mögliche Sicherheitslücken zu testen. Sie können hierfür Testnetzwerke wie Ropsten oder Rinkeby verwenden.

7. Veröffentlichen Sie Ihre Dapp: Sobald Sie sicher sind, dass Ihr Code fehlerfrei ist, können Sie Ihre Dapp auf der Mainnet-Ethereum-Blockchain veröffentlichen.

Es ist wichtig zu beachten, dass die Erstellung einer dezentralisierten Anwendung auf Ethereum einige Kenntnisse erfordert und möglicherweise eine Herausforderung für Einsteiger darstellt. Aber mit der richtigen Lernkurve und dem Verständnis der Ethereum-Blockchain-Technologie können Sie Ihre eigenen innovativen Projekte entwickeln und bereitstellen.

DIE BEDEUTUNG VON SMART CONTRACTS IM TRADITIONELLEN GESCHÄFTSUMFELD

Smart Contracts sind eine der innovativsten Anwendungen von Ethereum. Ein Smart Contract ist ein digitaler Vertrag, der Geschäfte ausführt, ohne dass menschliche Eingriffe erforderlich sind. Dies macht das traditionelle Geschäftsumfeld weitaus effizienter.

Traditionelle Verträge sind kompliziert und erfordern oft mehrere Runden der Verhandlung und Überprüfung, bevor sie unterzeichnet werden können. Sobald sie unterzeichnet sind, müssen sie manuell überwacht werden, um sicherzustellen, dass alle Parteien ihren Verpflichtungen nachkommen. Dies kann zeitaufwändig und kostspielig sein.

Smart Contracts hingegen sind einfach und effektiv. Sie automatisieren den gesamten Prozess und stellen sicher, dass keine Eingriffe von Dritten erforderlich sind. Sobald die Bedingungen festgelegt sind und alle Parteien zustimmen, werden sie in den Smart Contract programmiert. Sobald alle Bedingungen erfüllt sind, führt der Smart Contract automatisch die erforderlichen Aktionen aus. Dies alles macht den Vertragsprozess schnell, effizient und kostengünstig.

Smart Contracts können in einer Vielzahl von Geschäftsbereichen eingesetzt werden. Ein Beispiel ist die Supply Chain. Smart Contracts können verwendet werden, um sicherzustellen, dass Waren von einem Punkt zum anderen transportiert werden, indem sie digitale Signaturen von allen beteiligten Partnern verlangen, um sicherzustellen, dass eine Ware nur an die nächste Person weitergegeben wird, wenn die Bedingungen im Smart Contract erfüllt sind.

Ein weiteres Beispiel ist die Immobilienbranche. Smart Contracts können verwendet werden, um den Prozess des Hauskaufs und -verkaufs zu automatisieren. Der Smart Contract würde eine digitale Signatur von allen beteiligten Parteien erfordern, um sicherzustellen, dass der Käufer den Kaufpreis zahlt und der Verkäufer das Eigentum übergibt, bevor die Titel des Hauses auf die neuen Eigentümer übertragen werden.

Das traditionelle Geschäftsumfeld hat Schwierigkeiten bei der Umstellung auf Smart Contracts, da viele Unternehmen an veralteten Systemen und Prozessen festhalten. Smart Contracts erfordern jedoch eine völlig neue Denkweise, die auf Automatisierung und Effizienz ausgerichtet ist. Unternehmen, die dies verstehen und sich anpassen, können von den erheblichen Vorteilen profitieren, die Smart Contracts bieten.

Insgesamt bieten Smart Contracts einen effizienteren, schnelleren und kosteneffektiveren Vertragsprozess als traditionelle Verträge. Sie sind ein wesentliches Instrument, um die Komplexität aus dem Prozess zu entfernen und ermöglichen den Unternehmen, das Maximum aus ihren Geschäften herauszuholen.

WIE MAN MIT ETHEREUM
GELD VERDIENEN KANN

Ethereum hat notwendigerweise einen neuen Trend im Bereich der digitalen Vermögenswerte ausgelöst. Die Schöpfung dieser Blockchain hat den Schwerpunkt von Bitcoin weggeschoben und eine Plattform für Smart Contracts und dezentralisierte Anwendungen (Dapps) geschaffen. Die Plattform ermöglicht es Benutzern, auf die gleiche Weise wie bei Bitcoin ETH (Ether) als digitale Währung zu kaufen und zu verkaufen.

Mit Ethereum kann man durch Mining, Handel und Investitionen Geld verdienen. Hier sind einige Möglichkeiten, wie man mit Ethereum Geld verdienen kann:

Mining - Als Miner lässt man seinen Computer im Netzwerk laufen, was zur Validierung von Transaktionen führt und belohnt wird. Jeder neue Block, der hinzugefügt wird, wird mit einer bestimmten Anzahl von Ether belohnt. Wie bei jedem Mining-Vorgang wird mehr Rechenleistung benötigt, um erfolgreich zu sein, und die Kosten dafür können sich lohnen, wenn die Belohnungen höher sind.

Handel - Korrektes Handeln ist eine der vielen Möglichkeiten, um mit Ethereum Geld zu verdienen. Ether kann auf verschiedenen Kryptowährungsbörsen gehandelt werden. Die meisten dieser Börsen berechnen eine Handelsgebühr, die je nach Volumen und der Börse selbst unterschiedlich sein kann.

Investitionen - Investieren in Ethereum, anstatt in Ether, besteht aus dem Kauf von Aktien von Unternehmen, die in die Ethereum-Technologie investieren. Einige Unternehmen haben ICOs gestartet, um genügend Kapital zu sammeln, um in

Anwendungen und Technologien zu investieren, die auf Ethereum aufbauen.

Staking - Mit Ethereum 2.0 können Benutzer Ether aufbewahren, um die Blockchain als "Validator" zu unterstützen, anstatt sie in den Handel zu bringen. Für den Einsatz als Validator erhalten die Benutzer Belohnungen in Form von Ether.

Teilnahme an Dapps - Eine wichtige Möglichkeit, um mit Ethereum Geld zu verdienen, ist die Teilnahme an Dapps. Einige dezentrale Anwendungen bieten Benutzern Belohnungen in Form von Ether, um bestimmte Aktionen auszuführen. Ein Beispiel ist das Teilen von Bandbreite oder das Hosten eines Knotens.

Fazit:

Es gibt viele Wege, um mit Ethereum Geld zu verdienen. Der einfachste davon ist der Handel, aber es ist auch die riskanteste Option. Langfristige Investitionen in Ethereum als Vermögenswert haben potentiell auch eine hohe Rendite. Das Staking und die Generierung von Passivverdiensten durch den Betrieb von Nodes und das Hosten von Dapp-Hosting sind auch eine Möglichkeit, um mit Ethereum Geld zu verdienen. Der persönliche Geschmack und der Grad an Risikobereitschaft sind bei der Wahl der individuellen Geldverdien-Strategie unvermeidlich. Ethereum bietet jedoch viele Optionen für diejenigen, die bereit sind, sich Zeit und Mühe zu geben.

DIE ROLLE VON ETHER
IN DER FINANZWELT

Ethereum, genauer gesagt sein hauseigener Token Ether, hat einen wichtigen Platz in der Finanzwelt eingenommen. Ether ist heute eine der am häufigsten gehandelten Kryptowährungen und spielt eine wichtige Rolle als Transaktionsmedium in der Ethereum-Blockchain.

Ether wird auch für die Bezahlung von Gas verwendet, welches die Kosten für die Ausführung von Transaktionen und Smart Contracts auf Ethereum abdeckt. Das Gas-Konzept sorgt dafür, dass die Ethereum-Blockchain nicht durch unnötige, unrentable Transaktionen verstopft wird und somit schneller und effizienter arbeitet.

Ether ist auch ein beliebtes Investitionsobjekt. Der Preis von Ether wird durch Angebot und Nachfrage auf Kryptobörsen bestimmt und hat in der Vergangenheit dramatische Preisbewegungen erlebt. Viele Investoren haben Ether gekauft, weil sie glauben, dass die Technologie, die hinter Ethereum steht, die Art und Weise, wie Geschäfte durchgeführt werden, grundlegend verändern wird.

Ein Beispiel ist die jüngste Einführung von Ethereum-Futures an der Chicago Mercantile Exchange (CME) im Februar 2021. Dies bedeutet, dass institutionelle Investoren nun Ether-Futures-Kontrakte handeln können, was ein Indikator für das steigende Interesse institutioneller Investoren an Kryptowährungen ist.

Ether kann auch als Sicherheit in DeFi-Anwendungen (Decentralized Finance) verwendet werden, um Kryptowährungs-Kredite aufzunehmen oder als Liquidität in dezentralen Börsen einzusetzen. DeFi-Anwendungen ermöglichen den Nutzern den

Zugang zu traditionellen Finanzdienstleistungen ohne die Notwendigkeit von Finanzinstituten.

Ether hat auch einen wichtigen Platz in der ICO (Initial Coin Offering) Szene eingenommen. Viele Unternehmen haben Ether verwendet, um Mittel für ihre eigenen Projekte zu beschaffen, indem sie ihre eigenen Tokens auf der Ethereum-Blockchain erstellt haben.

Zusammenfassend lässt sich sagen, dass Ether eine wichtige Rolle in der Ethereum-Blockchain und darüber hinaus spielt. Es ist ein Transaktionsmedium, dient als Sicherheit in DeFi-Anwendungen, wird als Investitionsobjekt genutzt und hat sogar den Weg in die traditionelle Finanzwelt und damit den Mainstream gefunden.

ETHEREUM UND DIE ETHEREUM-COMMUNITY

Der Erfolg von Ethereum ist eng mit der Ethereum-Community verbunden. Es handelt sich um eine aktive und engagierte Gemeinschaft von Entwicklern, Investoren und Enthusiasten, die sich für die Entwicklung der Blockchain-Technologie und die Verbreitung dezentralisierter Anwendungen einsetzt.

Die Ethereum-Community ist bekannt für ihre Offenheit und ihren Wunsch nach Zusammenarbeit. Das Ethereum-Protokoll ist open-source, was bedeutet, dass es für jeden zugänglich ist, um es zu nutzen und weiterzuentwickeln. Kreativität und Zusammenarbeit stehen im Mittelpunkt der Ethereum-Community.

Es gibt eine Vielzahl von Möglichkeiten für Interessierte, sich an der Ethereum-Community zu beteiligen. Eine der wichtigsten Möglichkeiten ist die Teilnahme an Diskussionsforen und Konferenzen, die für Entwickler und Investoren organisiert werden. Diese Veranstaltungen bieten eine Plattform für Gespräche und Gedankenaustausch und bieten auch Möglichkeiten für Unternehmen und Start-ups, ihre neuen Produkte und Ideen zu präsentieren.

Ein weiterer wichtiger Aspekt der Ethereum-Community ist die Ethereum Foundation. Diese Organisation wurde gegründet, um die Entwicklung und Verbreitung der Ethereum-Technologie zu fördern. Die Stiftung ist für die Finanzierung von Forschung und Entwicklung zuständig, um sicherzustellen, dass das Ethereum-Protokoll immer die neuesten Innovationen integriert. Die Ethereum Foundation organisiert auch regelmäßig Veranstaltungen und Konferenzen, um die Community zusammenzubringen.

Ein wichtiger Teil der Ethereum-Community sind die Entwickler. Die Ethereum-Entwicklergemeinschaft ist eine dynamische Gruppe von Programmierern und Ingenieuren, die an der Erstellung von DApps arbeiten. Diese DApps bieten eine breite Palette von Anwendungen, einschließlich Finanzwesen, Gaming, Gesundheitswesen und mehr. Die DApps sind das Herzstück des Ethereum-Netzwerks und geben der Community eine Plattform, um ihr volles Potenzial als Blockchain-Plattform zu entfalten.

Die Ethereum-Community ist auch ein wichtiger Treiber für die Einführung neuer Projekte auf der Ethereum-Blockchain. Eine große Anzahl von Start-ups und Unternehmen nutzen Ethereum als Plattform für ihre dezentralisierten Anwendungen. Die Community bietet zusätzliche Unterstützung durch die Beteiligung an Initial Coin Offerings (ICOs) von neuen Projekten.

Zusammenfassend lässt sich sagen, dass die Ethereum-Community eine starke und vielfältige Gruppe von Entwicklern, Investoren und Enthusiasten ist, die sich für die Verbreitung und Weiterentwicklung der Blockchain-Technologie einsetzt. Das Engagement der Community hat maßgeblich zum Erfolg von Ethereum als innovative Blockchain-Plattform beigetragen.

BLOCKCHAIN UND ETHEREUMS AUSWIRKUNGEN AUF DIE GESELLSCHAFT IN DER ZUKUNFT

Die Blockchain-Technologie und insbesondere Ethereum haben das Potenzial, die Gesellschaft wie wir sie kennen, zu verändern. Die Art und Weise, wie wir Transaktionen tätigen, digitale Identitäten besitzen und sogar Regierungen führen, könnte sich durch Ethereum und die Blockchain grundlegend ändern.

Ethereum ermöglicht eine höhere Sicherheit und Dezentralisierung von Daten, was es Unternehmen und Einzelpersonen ermöglicht, ihre persönlichen Daten sicherer als je zuvor aufzubewahren. Die Fähigkeit von Ethereum, Verträge und Transaktionen ohne die Notwendigkeit eines Intermediärs durchzuführen, ermöglicht Transparenz und Fairness in Geschäfts- und Regierungsprozessen. Durch die Verwendung von Smart Contracts können Geschäftsprozesse automatisiert und effizienter gestaltet werden.

Ein weiterer großer Vorteil von Ethereum und der Blockchain-Technologie ist die Möglichkeit, finanzielle Inklusion auf globaler Ebene zu erreichen. Da es keine Notwendigkeit für traditionelle Finanzinstitute gibt, um Transaktionen durchzuführen, können kleinere Unternehmen und Personen in Entwicklungsländern Zugang zu Finanzdienstleistungen erhalten. Es ermöglicht auch eine schnellere und effizientere Überweisung von Geldern zwischen Ländern.

Ethereum könnte auch die Art und Weise verändern, wie Regierungen funktionieren. Da Ethereum eine dezentralisierte

Plattform ist, kann es die Möglichkeit geben, die Bürokratie und Korruption zu reduzieren, indem Mittelsmänner in Verträgen, Zahlungen und anderen Regierungsfunktionen eliminiert werden. Zum Beispiel könnten Wahlen auf der Ethereum-Blockchain abgehalten werden, um das Risiko von Wahlbetrug und politischer Manipulation zu reduzieren.

In der Gesellschaft könnte die Blockchain die Transparenz und das Vertrauen in Institutionen und Organisationen verbessern, die vom Verlust an Glaubwürdigkeit, von Cyberangriffen oder Datendiebstahl bedroht sind. Ethereum kann auch dazu beitragen, den Umgang mit geistigem Eigentum und der Urheberschaft von Informationen zu verbessern, indem es Schutz und Garantien gegen Diebstahl und Fälschung bietet.

Allerdings gibt es auch Bedenken, wie der Datenschutz und die Überwachung in einer Welt, in der alles auf Blockchain aufgezeichnet ist, überwacht und kontrolliert werden könnte. Es müssen auch Lösungen für Skalierungsprobleme gefunden werden, wenn Ethereum und die Blockchain tatsächlich die gesamte Gesellschaft durchdringen und genutzt werden.

Zusammenfassend ist Ethereum eine innovative Technologie, die das Potenzial hat, die Art und Weise, wie wir Geschäfte tätigen, uns identifizieren, regiert werden und sogar unser Leben führen, zu verändern. Es ist wichtig, die Chancen und Risiken in dieser neuen Welt zu verstehen und die Entwicklung von Ethereum und der Blockchain-Technologie zu unterstützen, um ihre Auswirkungen auf die Gesellschaft in der Zukunft vollständig zu verstehen.

www.ingramcontent.com/pod-product-compliance
Lightning Source LLC
Chambersburg PA
CBHW072236230526
45466CB00024B/2081